이 책의 내용을 교과서에서도 찾아보세요!

국어 1-1
5. 다정하게 인사해요
7. 생각을 나타내요

바/즐/슬 1-1
1. 학교에 가면

안전한 생활 1-1
1-1. 나는 안전 으뜸이〉안전하고 즐거운 학교
3-1. 소중한 나 〉슬기롭게 행동해요

국어 1-2
4. 자신 있게 말해요
6. 고운 말을 해요
7. 무엇이 중요할까요

국어 2-1
3. 마음을 나누어요
6. 차례대로 말해요
7. 친구들에게 알려요
8. 마음을 짐작해요
9. 생각을 생생하게 나타내요
10. 다른 사람을 생각해요

바/즐/슬 2-1
1. 알쏭달쏭 나

안전한 생활 2-1
1-2. 안전은 내가 먼저〉즐겁고 안전하게
3-1. 소중한 우리 〉침착하고 슬기롭게

국어 2-2
4. 인물의 마음을 짐작해요
7. 일이 일어난 차례를 살펴요
8. 바르게 말해요
10. 칭찬하는 말을 주고받아요

국어 3-1
6. 일이 일어난 까닭

도덕 3-1
1. 나와 너, 우리 함께

국어 3-2
5. 즐겁게 대화해요

나도 이제 초등학생 30

초등학교 저학년 학생들의 적응을 도와주고 고민도 해결해 주는 실용 동화책입니다.
또래 친구들이 겪는 재밌는 이야기와 학교생활의 비법이 담겨 있어요.
매일 아침, 학교 가는 길이 행복해질 거예요!

나도 이제 초등학생 30
함께 나누면 행복해

초판 발행 2023년 06월 15일
초판 2쇄 2024년 12월 10일

글	김영주
그림	튜브링
발행인	이재현
발행처	리틀씨앤톡
출판등록	제 2022-000106호(2022년 9월 23일)
주소	경기도 파주시 문발로 405 제2출판단지 활자마을
전화	02-338-0092
팩스	02-338-0097
홈페이지	www.seentalk.co.kr
E-mail	seentalk@naver.com
ISBN	978-89-6098-900-9 74810
	978-89-6098-217-8 74810 (세트)

· 본 책은 저작권법에 의해 보호를 받는 저작물이므로 무단 전재와 복제를 금합니다.
· KC마크는 이 제품이 공통안전기준에 적합하였음을 의미합니다.

모델명 | 함께 나누면 행복해 제조년월 | 2024.12.10. 제조자명 | 리틀씨앤톡 제조국명 | 대한민국
주소 | 경기도 파주시 문발로 405 제2출판단지 활자마을 전화번호 | 02-338-0092 사용연령 | 7세 이상

리틀씨앤톡은 씨앤톡의 어린이 브랜드입니다.

함께 나누면 행복해

김영주 글 | 튜브링 그림

리틀 씨앤톡

작가의 말

다같이 행복하게 나누는 방법을 찾아 보아요

제게는 기억에 오래 남는 나눔의 순간이 있어요.

예전에는 점심시간에 도시락을 싸 와서 먹어야 했는데, 엄마가 아파서 한동안 도시락을 가져오지 못한 친구가 있었어요.

짝꿍인 저는 내 도시락을 나눠 먹자고 했는데, 한두 번은 먹더니 미안해하며 차라리 굶기를 택하더라고요.

어떻게 하는 게 좋을까 생각하다가 저는 선생님과 몇몇 친구에게 사실을 털어놓고 함께 고민했어요. 그러다 좋은 방법이 생각나서 해 보기로 했죠.

다음 날 커다란 그릇을 가져와 친구들 도시락을 털어 넣고 밥을 비볐어요! 그리고 다 같이 먹자고 하니, 그제야 친구도 활짝 웃으며 함께 먹었답니다.

  물론, 도시락을 기꺼이 내준 친구들도 행복해했고, 어른이 되고 나서도 종종 그때를 떠올리며 즐거워하곤 해요.

  나눔은 물질뿐 아니라 시간, 그리고 마음으로도 실천할 수 있어요. 게다가 받는 사람뿐 아니라 나누는 사람에게도 즐거운 일이랍니다. 방법만 잘 찾는다면요. 그럼 지금부터 그 방법을 이 책과 함께 찾아볼까요?

  여러분에게 나눔이 자연스럽게 스며들길 바라며.

글쓴이 김영주

차례

 제1장 나눠 쓰기 싫어요 7

 제2장 공주 연필과 그냥 연필 31

 제3장 서로 도와요 73

제1장

나눠 쓰기 싫어요

"저기, 지안아."

쉬는 시간이었어요. 짝꿍 태리가 지안이를 불렀어요. 하지만 지안이는 못 들은 척 창문 밖 운동장만 바라보았죠. 대답하고 싶지 않았어요. 무슨 말을 하려는지 알 것 같았거든요.

그러자 이번엔 태리가 손가락으로 지안이의 팔을 톡톡 쳤어

요. 지안이는 하는 수 없이 고개를 돌려 태리를 쳐다보았어요.

"왜?"

"나 이번 미술 시간에 사인펜이랑 색연필 좀 빌려주라. 어젯밤에 챙긴다는 걸 깜박했어."

"오늘은 나도 없어."

자신의 대답에 지안이는 속으로 좀 놀랐어요. 사인펜과 색연필은 분명 가방에 있었어요. 어젯밤에 엄마가 챙겨 넣는 걸 봤거든요. 거짓말할 생각은 아니었는데, 안 가져왔다는 말이 먼저 툭 튀어나왔어요.

"아, 그래? 그럼 오늘은 공동 물품 같이 쓰자! 내가 가져올게!"

태리는 벌떡 일어나 공동물품함으로 갔어요. 걸음마다 태리 뒷머리에 꽂힌 리본이 나비 날개처럼 팔랑거렸어요.

'왜 저리 신나?'

나풀나풀 가볍게 걷는 태리의 뒷모습이 괜히 싫었어요. 준비물 안 가져온 친구들을 위해 준비된 학급 공동 사인펜도 싫었어요. 색이 다양하지 않거든요. 내키지 않았지만, 이미 해 버린 거짓말 때문에 어쩔 수 없었어요.

하는 수 없이 지안이는 태리가 가져온 공용 사인펜과 색연필로 그림을 그렸어요.

하지만 곧 심술이 나고 말았어요. 그리는 내내 색이 모자랐거든요. 특히 밤하늘에 별을 그리고 싶은데 노란색으로 그렸더니 안 예뻤어요.

'별은 반짝이는 금색이어야 예쁜데. 금색만 몰래 꺼내서 쓸까?'

지안이는 곁눈으로 슬쩍 태리를 보았어요. 때마침 태리는 고개를 푹 숙인 채 색칠에 집중하고 있었어요. 잘하면 안 들키고 몰래 쓸 수 있을 것 같았어요.

일단 색연필을 꺼내 보기로 마음먹었어요. 먼저 오른손으로 쥐고 색칠하던 색연필을 왼손으로 옮겼어요. 색칠을 멈추면 혹시나 의심받을까 봐요.

왼손으로는 색칠을 하고, 오른손은 책상 밑으로 내려 가방 속을 더듬었어요. 바로 색연필 케이스 모양과 비슷한 것을 찾을 수 있었어요. 하지만 가방에는 색연필과 사인펜이 함께 들어 있다는 것도 떠올랐어요. 두 개는 케이스 모양이 똑같아요. 게다가 지금 잡은 것이 색연필 통이라 해도 문제는 또 있었어요. 원하는 색을 보지도 않고 꺼내기란 문방구 뽑기의 1등만큼 어려울 것 같았거든요.

'아냐, 계속 뽑다 보면 언젠가 금색이 나오겠지!'

지안이는 무엇이 나오든 일단 꺼내 보기로 했어요. 미술 시간이 얼마 남지 않았거든요. 손에 잡힌 케이스의 뚜껑을 열고 한 자루를 조심스럽게 뽑았어요.

결과는 반은 성공, 반은 꽝!

색연필 세트는 맞았지만, 초록색이 뽑혔거든요. 왠지 모를 자신감도 생겼어요. 한 번에 반을 성공하니 이번에 뽑으면 틀림없이 성공일 것 같았어요. 손가락을 살살 돌려 반짝일 것 같은 기분이 드는 색연필을 골랐어요. 하지만 이번에도 반은 성공, 반은 꽝.

은색이 나왔거든요. 반짝이는 것은 맞지만, 별을 은색으로 칠할 순 없었어요.

지안이는 자기도 모르게 한숨이 폭 새어 나왔어요. 지안이의 한숨에 그림 그리는 데 집중하던 태리가 고개를 들고 지안이를 쳐다봤어요.

"왜? 뭐가 안 돼?"

"아니야. 오른손이 아파서 왼손으로 색칠하다 보니, 잘 안돼서 그랬어."

"그래? 내가 도와줄까?"

"아니! 괜찮아. 신경 쓰지 마."

지안이는 가방에서 재빨리 손을 빼고 의자를 당겨 앉았어요. 그러다 다리로 가방을 툭 쳤어요. 그 바람에 가방이 바닥으로 떨어졌고 가방에 있던 물건들이 바닥으로 와르르 쏟아졌어요. 색연필 꺼내느라 가방 지퍼가 열려 있었기 때문이죠.

특히 케이스 뚜껑까지 열려 있던 색연필이 먼저 빠져나와

흩어졌고, 반짝이는 금색 색연필은 제일 멀리 굴러갔어요.

생각지도 못한 소리에 아이들의 눈이 지안이에게 쏠렸어요.

"지안아? 무슨 일이니?"

"선생님. 지안이가 가방을 쏟았어요!"

지안이가 머뭇거리는 사이 앞자리 장원이가 대답했어요. 쏟은 것이 아니라 실수로 떨어트린 건데 지안이는 억울했어요. 하지만 없다고 거짓말했던 색연필을 들킨 창피함이 더 컸어요.

얼굴이 붉어져 아무것도 못 하고 있는데, 태리가 일어났어요. 그러고는 지안이의 색연필을 주워서 케이스에 담았어요.

"지안이 너, 색연필 가져온 거 깜박했구나?"

"으응. 엄마가 넣어 주셨나 봐. 난 정말 몰랐어!"

지안이 입에서 거짓말이 또 툭 튀어나왔어요.

"잘됐다. 나는 금색이 필요했는데!"

태리는 기뻐하며 제일 멀리 굴러간 금색 색연필을 주워 왔어요. 금색이란 말에 앞자리 장원이도 반가워했어요.

"나도! 나도 금색 빌려주라. 지안아! 나 먼저 쓸게. 그래도 되지?"

"그래, 너 먼저 써! 난 네 다음에 쓸게."

태리의 대답에 지안이 눈이 동그래졌어요. 분명 지안이 것인데 태리가 왜 허락을 해 주는 건지 모를 일이었어요.

하지만 장원이는 기뻐하며 태리 손에서 금색 색연필을 가져갔어요. 싫다고 말하고 싶었는데 모두 지안이만 쳐다보고 있어서 말이 나오질 않았어요.

그때 선생님의 목소리가 들렸어요.

"태리는 짝꿍을 진짜 잘 챙기는구나. 지안이도 제일 먼저 도와주고!"

"이럴 때 돕는 게 짝꿍이잖아요!"

선생님 칭찬에 신이 난 태리가 활짝 웃었고, 선생님도 함께 웃어 주었어요. 하지만 지안이는 울고 싶어졌어요. 태리 때문

에 이 모든 일이 일어났는데 칭찬을 받다니요.

　게다가 장원이는 벌써 금색 색연필로 색칠을 시작했어요. 그것도 그림 중 가장 넓은 부분을요. 지안이도 아끼느라 겨우 달이나 별에만 칠하고 있던 색깔이었는데 말이죠.

"자, 이제 다시 그림 그리자!"

선생님 말에 다들 잠시 전의 소란을 잊고 그림에 집중했어요. 지안이만 빼고요.

지안이는 다시 그림에 집중할 수가 없었어요. 벅벅 칠하는

장원이의 색연필 소리가 너무 크게 들렸거든요. 한 획마다 색연필이 반씩 없어지는 것 같았어요. 더 이상 참을 수 없어서 지안이는 귀를 막고 고개를 숙였어요.

하지만 색연필 소리는 더 또렷하게 들렸어요. 지안이는 손가락으로 더 깊게 귀를 막았어요. 정말 꼭 막았는지 드디어 색연필 소리가 들리지 않았어요. 그래서 이제 그만 쓰나 싶어 고개를 살짝 들었어요.

그러자 지안이 눈앞에 뒤돌아 앉아 있는 장원이가 보였어요. 장원이는 태리를 보고 있었고, 태리는 손을 내밀고 있었어요. 장원이는 금색 색연필을 태리 손바닥 위에 올려놓았어요. 뽀얀 얼굴에 어울리는 환한 미소를 지으면서요.

"고마워."

태리는 장원이에게 고맙다고 말했어요. 지안이는 이해할 수 없었어요. 내 색연필인데 왜 태리랑 장원이가 서로 고맙다고 말하는지 말이죠.

지안이는 두 손을 포개고 그 위에 고개를 숙여 책상에 다시 엎드렸어요. 눈앞에는 지안이가 그리다 만 별이 보였어요. 반짝이지 않는 노란 별이요. 금색으로 빛나야 할 것은 장원이의 그림이 아니라 지안이의 별이었어야 했는데 정말 속상했어요.

툭.

별 위로 지안이의 눈물이 한 방울 떨어졌어요.

집에 온 지안이는 여러 번 소리를 질렀어요. 엄마가 간식으로 만들어 준 떡볶이도 맛이 없었고, 기분 좋게 가던 피아노 학원도 가기 싫었거든요.

"지안아, 너 오늘 왜 그래?"

"내가 뭐! 나 매운 거 못 먹는데, 엄마가 떡볶이 맵게 했잖아요!"

"이상하다. 늘 하던 대로 했는데. 너 혹시 학교에서 무슨 일 있었니?"

"……."

엄마의 질문은 이상했어요. 떡볶이와 학교가 무슨 상관이라고! 잠시 고민했지만, 물어보니 말하고 싶어졌어요. 질문에 대답하는 것은 고자질과 다른 것이니까요.

"그러니까, 오늘 태리가, 아니 장원이랑 둘이!"

"응! 친구들이 왜?"

"내 금색 색연필을 함부로 막 쓰고 서로 빌려줬어요!"

지안이는 쉼표도 없이 순식간에 말했어요. 말하고 나니 조금은 시원해진 것 같았어요. 그래서 '난 빌려주기 싫었단 말이에요.'까지 이야기하려고 입을 떼려는데, 엄마가 먼저 말했어요.

"그게 뭐? 친구끼리 나눠 쓸 수도 있지."

"같이 쓰면 빨리 닳고 없어지는데, 그게 왜 좋아요!"

지안이는 문을 쾅 닫고 방에 들어가 버렸어요.

"엄마는 아무것도 모르면서! 내 걸 마음대로 쓰는데, 그게 뭐가 좋아."

벌렁 침대에 누운 지안이는 생각할수록 화가 더 났어요. 떠올려보니 태리랑 장원이만 그랬던 건 아니었거든요. 짝꿍이 바뀔 때마다 친구들은 지안이 것을 빌렸어요.

지난달 짝꿍이었던 윤이는 지안이 물티슈에서 아기 파우더

향기가 난다고 좋아했어요. 자기 물티슈도 있으면서 지안이 것만 썼어요. 그래서 결국 지안이가 필요할 때는 한 장도 남아 있지 않아서 쓰지 못했어요. 물론 윤이가 자기 것을 쓰라고 했

지만, 향이 없는 물티슈가 싫어서 안 썼어요.

지안이는 주먹으로 벽을 쾅 쳤어요. 손이 무척 아팠지만, 마음 아픈 것과는 비교도 되지 않았어요. 더 나쁜 기억이 떠올랐

거든요.

입학하자마자 같이 앉은 첫 짝꿍 상욱이랑 있었던 일이에요. 상욱이는 아예 말도 안 하고 지안이 물건을 마음대로 썼어요.

그뿐 아니에요. 새로 산 지안이의 분홍색 지우개도 가져가서 연필 점을 찍었어요.

"이게 뭐야!" 하고 따지니까 상욱이는 자기 것인 줄 알고 습관처럼 연필로 지우개를 찍었다면서 말도 안 되는 변명을 했어요. 결국 사과를 받았지만, 지우개의 점은 사라지지 않았고 지안이의 속상함도 사라지지 않았어요.

생각하면 할수록 온통 억울한 일뿐이었어요. 지안이는 이제 학교까지 가기 싫어졌어요. 학교만 안 가면 나눠 쓸 필요가 없으니까요. 어떡하면 학교를 빠질 수 있는지를 고민하다가 그만 스르륵 잠이 들어 버렸어요.

나눔이란 무엇일까요?

　내 것을 둘 이상으로 쪼개서 주거나, 빌려주고 돌려받는 것을 나눔이라고 해요. 우리는 매일 나눔을 해요. 주기도 하고 받기도 하죠. 심지어 알지 못하는 사이에도 주고받는 일을 하기도 한답니다. 우리가 얼마나 많이 나누고 사는지 알아볼까요?

 눈에 보이는 나눔

　준비물을 가져오지 않아서 친구에게 빌려본 적이 있나요?
　준비성이 철저한 친구들은 그런 적이 없다고 할지도 모르겠어요. 하지만, 교실의 공동물품은 사용해 봤을 거예요. 공동물품도 나눔이에요. 필요한 사람들을 배려해 준비해 놓은 것이거든요.
　더 크게는 도서관의 책을 읽는 행동도 나눔을 받는 거라 볼 수 있어요. 도서관은 책을 읽고 싶은 사람들을 위해 나라에서 세금을 걷어

만든 곳이거든요.

　주변을 둘러보면 혼자 만든 건 아무것도 없어요.

　갑자기 우주선에 납치되어 아무것도 없는 행성에 뚝 떨어지지 않는 한, 우린 나눔에서 멀어질 수 없답니다.

눈에 보이지 않는 나눔

　버스나 지하철 안에서 자리를 양보받은 적이 있나요? 아니면 할아버지나 할머니, 몸이 불편한 분들께 자리를 양보해 준 적이 있나요?

　내 이름이 새겨진 자리는 아니지만, 나보다 더 필요한 사람에게 나의 이익을 양보하는 마음. 그것도 나눔이에요. 비 오는 날 친구와 우산을 같이 쓰고, 뛰어오는 사람이 탈 수 있도록 엘리베이터를 잡아 주는 일은 조금만 마음을 쓴다면 할 수 있는 일이에요.

　마음은 눈에 보이지 않지요. 나 아닌 다른 사람에게 사랑과 관심을 갖고 나누고 양보하며 더불어 행복하게 살고 싶어하는 모든 행동과 마음이 나눔이랍니다.

나눔은 당연한 일이 아닌 아름다운 일이에요

사람은 누구나 자기 자신을 사랑하고, 자기 물건을 아껴요. 그래서 다른 사람을 생각하고 내 물건을 함께 사용하는 일은 어렵지만 대단한 일인 거예요. 작은 것부터 시작해봐요, 우리.

예를 들어 암 치료로 머리카락이 빠진 환자의 가발을 만들 수 있게 자신의 머리카락을 기부하는 일은 우리도 할 수 있어요.

나눔은 돈으로만 하는 것이 아니에요. 어린이 도서관에서 책을 읽어 주는 봉사를 하는 개인도 있고, 팔지 못한 음식을 푸드뱅크에 기부하여 먹을 것이 부족한 곳에 전달하는 식당도 있어요.

매일 우유를 배달하며 홀로 사는 어르신의 안부를 확인하는 기업도 있답니다. 가지고 있는 것에서 조금씩만 더 마음을 보태 이뤄 낸 아름다운 일이에요.

그러니, 오늘 당장 할 수 있는 나눔을 생각해 봅시다.

♥ 오늘 하루 받은 나눔을 생각해 보아요.

1. 눈에 보이는 나눔을 받은 경험을 세 가지 써 봐요.

    ----

2. 눈에 보이지 않는 나눔을 받은 경험을 세 가지 써 봐요.

제2장

공주 연필과 그냥 연필

학교를 빠질 방법도 생각 못 했는데 아침이 되어 버렸어요.

지안이는 재빨리 일어나 커튼을 걷었어요. 혹시나 밤새 비가 많이 와서 학교가 물에 잠기진 않았을까, 그럼 학교 가지 않아도 될 텐데, 하고 내심 바라면서요.

그러나 커튼 밖에는 햇살이 반짝였고, 금방 창문을 타고 들어와 방을 눈부신 금빛으로 채웠어요.

하지만 지안이의 마음은 조금도 빛나지 않았어요. 무거운 발걸음으로 등교를 했어요. 터벅터벅 걸어 교문을 지나 교실로 들어섰어요.

"지안아, 안녕?"

태리가 오늘 아침의 햇살처럼 쨍한 목소리로 인사를 했어요. 지안이는 태리의 인사를 받고 싶지 않았어요. 대답 대신

책상 앞에 털썩 주저앉아 엎드렸어요.

"오늘 지안이 아픈가 봐!"

"그러게. 좀 쉬게 두자!"

지안이 머리 위로 태리와 장원이의 말이 두런두런 오갔어요. 그래서일까요? 오늘은 태리도 장원이도 지안이의 물건을 빌리지 않았어요.

네모 칸을 그려야 해서 자가 필요한 순간도 있었어요. 하지만 장원이는 뒤돌더니 지안이가 아닌 태리에게 자를 빌렸어요. 지안이는 기분이 조금 나아졌어요.

하지만 문제는 급식을 먹고 난 후에 벌어졌어요.

뚝!

알림장을 받아쓰던 태리의 연필이 뚝 하고 부러졌어요. 지안이는 순간 멈칫했지만, 모른 척했어요. 여벌로 깎아 놓은 연필이 있겠지 싶기도 했고요.

"저기, 지안아."

"……."

"나 연필 좀 빌려줄래? 마지막 줄만 쓰면 되는데, 심이 부러졌어."

힐끔 태리의 알림장을 보니 정말 한 줄만 남아 있었어요. 지안이는 잠시 망설이다 필통을 열었어요. 안에는 예쁜 드레스를 입은 벨 공주가 그려진 연필이 한 자루 있었어요.

삼촌이 외국 여행 갔다가 〈미녀와 야수〉를 좋아하는 지안이를 위해서 사 온, 진짜 아끼는 연필이었죠. 하지만 손에 들고 있는 것도 같은 벨 공주 연필이어서 다른 걸 빌려줄 수도 없었어요. 지안이는 내키지 않았지만, 꺼내 줬어요.

"정말 고마워. 지안아, 쓰고 바로 줄게!"

'내가 정말 아끼는 거야. 그러니 바로 돌려줘.'라고 말하고 싶었는데 못했어요. 익숙하지 않은 말이라서 어색했어요. 대신 고개를 세게 한 번 끄덕였어요. 말하지 않아도 알아들을 수 있도록.

하지만 태리는 지안이의 끄덕임을 보지 못했어요. 바로 고개를 돌려 알림장 쓰기에 집중했거든요. 지안이도 태리처럼 바로 알림장 쓰기에 집중하고 싶었는데, 태리의 연필 소리만 들렸어요.

사각사각.

벨 연필이 태리 알림장 위에서 춤을 추듯 움직였어요. 지안이는 벨 공주의 춤이 멈추기만을 기다렸어요.

마침내 태리가 책상에 연필을 탁 내려놓았어요. 알림장을 다 적은 것 같았어요. 기다렸던 지안이는 재빨리 연필을 집으려 손을 뻗었어요.

바로 그때, 일이 일어났어요.

"태리야, 알림장 4번 뭐야? 나 못 들었어."

태리의 앞자리 친구가 뒤를 돌며 의자로 태리의 책상을 쳤어요. 그 바람에 벨 연필이 바닥으로 떨어졌어요. 떨어진 연필은 대각선으로 굴러 하필이면 지안이 앞에 앉은 장원이 의자 다리 사이로 들어갔어요.

"어? 장원아, 너 연필 조심……."

지안이의 말이 끝나기도 전에 장원이는 의자를 뒤로 찌익 끌어 몸을 돌렸어요.

"응? 나 불렀어?"

우지끈.

의자 다리에 끼어 있던 벨 연필이 두 동강 났어요. 지안이는 더 이상 참을 수가 없었어요. 알림장을 적고 있던 조용한 교실에 지안이의 목소리가 울렸어요.

"야! 김장원! 갑자기 뒤돌면 어떡해!"

"아, 뭐래! 네가 불렀잖아!"

"조심하라고 했는데, 네가 움직였잖아!"

교탁을 정리하던 선생님이 놀라서 달려오셨어요.

"얘들아, 무슨 일이니?"

"선생님, 제 잘못이에요. 제가 실수로 지안이 연필을 떨어트렸는데, 장원이 의자에 걸려 부러졌어요!"

태리가 울먹거렸어요. 아끼는 연필이 부러져서 울고 싶은 건 지안이인데 말이죠. 선생님은 태리를 안아 주었어요. 태리는 선생님 품 안에서 줄줄 눈물을 흘렸어요. 마치 정수기 버튼이 눌린 것처럼요.

"지안아, 태리랑 장원이가 실수로 그랬다는구나. 그래서 미안하대. 괜찮지?"

아니었어요. 지안이는 사과를 받지 못했어요. 물론 사과를 받아 줄 생각도 없었지만요. 선생님의 거짓말에 지안이도 버튼이 눌렸어요. 다만 정수기 버튼이 아니라 불꽃처럼 화가 튀어 오르는 가스레인지 버튼이었어요.

"안 괜찮아요! 벨 연필이 부러졌는데 어떻게 괜찮아요!"

지안이는 벌떡 일어나 남은 벨 연필을 필통에 넣고 꽝 닫았어요. 지안이의 과격한 행동에 선생님과 친구들이 놀라서 쳐다봤지만 상관없었어요. 참을 수가 없었거든요.

책상 위의 모든 것을 가방에 쓸어 넣고 종례 시간이 끝나기만을 기다렸어요.

"친구들, 내일 만나요!"

선생님의 마지막 인사가 끝나자 지안이는 기다렸다는 듯 제일 먼저 교실을 빠져나왔어요. 평소에는 같은 아파트에 사는 친구랑 집에 갔는데 오늘은 누구와도 말을 섞기 싫었거든요.

그러나 막상 혼자 가게 되니 자꾸만 더 화가 났어요.

"왜 자꾸 빌려달라고 그러는데! 나눠 쓰기 싫다고!"

아까 하지 못한 말이 이제야 터져 나왔어요. 하지만 텅 빈 복도라 아무도 지안이 말을 듣지 못했어요.

지안이는 학교를 나와 집으로 빠르게 달렸어요. 엄마가 보고 싶었거든요. 엄마한테 안겨서 오늘 있었던 일을 이야기하고 나면 좀 풀릴 것 같았어요.

"엄마!"

집에 도착하자마자 현관문을 열며 엄마부터 불렀어요. 하지만 엄마는 대답하지 않았어요. 컴컴한 거실만이 지안이의 대답을 삼켰어요.

"엄마?"

안방, 주방, 화장실까지 다 살펴보았지만, 엄마가 보이지 않았어요. 뿐만 아니라 뭔가 좀 이상했어요. 거실 한가운데 빨래 바구니가 엎어져 있고, 그 옆엔 수건들이 널브러져 있었어요.

이상한 생각이 들어 지안이는 가방에서 휴대폰을 꺼냈어요.

수업 중이라 꺼놨던 전원을 켜 엄마에게 전화를 걸었어요.

"띠리링."

여러 번 신호가 울렸지만, 엄마는 전화를 받지 않았어요. 지

안이는 한참 동안 벨소리를 듣고 있다가 귀에서 휴대폰을 떼었어요. 벨 소리가 근처에서 들리는 것 같았거든요.

희미한 소리를 따라가다가 빨래 바구니 밑에서 작은 불빛이 반짝이는 것을 발견했어요. 엄마 휴대폰이었어요.

'이상하다. 엄마가 휴대폰도 놓고 어딜 가신 거지?'

지안이는 울고 싶어졌어요. 집에 오면 다 해결될 줄 알았는데 아니었어요. 엄마까지 없는, 제일 나쁜 상황이었어요. 그렇지만 울면 지는 것 같아서 꾹 참았어요. 대신 온 집 안에 불을 켜고, 거실 티브이 볼륨을 높였어요.

티브이에는 잘 구워진 갈비를 자르는 모습이 나왔어요.

"꼬르륵."

배 속에서 나는 소리였지만 천둥처럼 크게 들렸어요. 텅 빈 거실이라 울렸나 봐요. 사실 온종일 심술이 나서 급식도 별로 먹지 못했거든요.

지안이는 소파에 올라앉아 무릎을 끌어안았어요.

"오늘 정말 엉망진창이야. 다 이상해!"

무릎 위에 고개를 묻었어요. 그리고 스르륵 잠이 들었어요.

"지안아, 일어나 봐! 왜 여기에서 자고 있어."

낯익은 목소리에 지안이는 고개를 들었어요. 그러자 할머니 얼굴이 보였어요. 기다렸던 엄마는 아니지만, 할머니라도 만나서 다행이었어요. 지안이는 할머니 품으로 파고들었어요.

"할머니! 엄마가 없어졌어요!"

"아이구, 내 강아지. 혼자 무서웠지? 엄마 지금 병원에 있어."

"왜요? 엄마 어디 아파요? 많이 아파요?"

놀란 지안이가 질문을 쏟아냈어요.

"아니야. 이제 괜찮아! 정말 괜찮아졌어."

할머니는 지안이를 한참 안아 주었어요. 그러고는 엄마 이야기도 해 주었어요. 배가 심하게 아파 구급차를 타고 병원에 갔고, 맹장이란 곳을 긴급하게 수술했지만 이제 괜찮다고 설명해 주었어요. 그리고 급하게 실려 나가는 바람에 휴대폰도 놓고 가서 할머니에게 연락이 늦게 닿았다고도 알려 주셨어요.

놀란 지안이는 품 안에서 빠져나와 당장 병원에 가자고 했어요. 하지만 수술이 끝나고 계속 잠만 자는 중이니 엄마를 쉬게 하자는 할머니 말에 고개를 끄덕일 수밖에 없었어요. 하지만 양보해야 할 일이 하나가 더 있었어요.

"지안아, 그래서 말인데, 오늘은 할머니 집에 가서 자자!"

"그냥 우리 집에서 할머니가 자면 안 돼요?"

"너 혼자 있단 소리에 급하게 오느라 할머니가 아무 준비도 안 하고 왔어. 게다가 할아버지도 혼자 집에 계시잖니. 그냥 네가 할머니 집으로 가자."

지안이는 엄마 아빠 없이 할머니 집에서 자긴 싫었어요. 엄마 곁을 지키느라 아빠도 집에 못 오신다는 소리에 결국 따라

나설 수밖에 없었지만요.

하지만 생각한 대로였어요. 할머니 집에서는 잠들기 어려웠어요. 꼭 안고 자는 토끼 인형도 없었고, 보들보들 잠옷도 없었거든요. 게다가 할아버지와 할머니 사이에서 자려니 좁고 불편했어요.

하지만 큰 문제는 다음 날 생겼어요. 학교를 가야 하는데, 가방이 없었어요. 늘 엄마가 챙기던 것들이라서 할머니와 집을 나설 때도 아무것도 들고 나오지 않았거든요. 옷도 어제 입던 그대로 입어야 했고, 머리도 어제 묶어 늘어진 끈으로 대충 묶어야 했어요.

'가방도 없고, 옷도 더러운데 꼭 학교를 가야 하나?'

지안이는 학교가 몹시 가기 싫어졌어요.

그때 좋은 생각이 떠올랐어요. 어쩌면 기회가 될 수도 있을 것 같았지요. 학교 안 갈 기회!

"수술은 잘 되었대요?"

"네, 잘 끝났대요. 어서 지안이 학교 보내고 가 봅시다."

아침 먹으며 할머니와 할아버지가 나누는 대화를 들었어요. 지안이는 이때다 싶어 이야기를 꺼냈어요.

"할아버지! 저, 가방도 없는데 오늘 결석하고 엄마한테 가면 안 돼요?"

"그게 무슨 소리냐? 할머니가 네 가방 챙겨 왔어. 그리고 학교를 빠지면 안 되지. 수업은 받고 끝나면 데리러 가마. 엄마는 그때 보자!"

"그래. 지안아, 할아버지 말씀대로 하자. 엄마가 마취 깨고 많이 아파한다는구나. 아빠도 밤새 못 잤고. 그래서 할머니 할아버지가 교대해 주러 가는 거야."

엄마가 아프다는 말에는 이길 말이 없었어요. 지안이는 너 이상 말도 못하고 등교를 했어요.

교실에 들어서자마자 태리가 손을 흔들었어요. 그러자 잠시 잊고 있었던 어제 일이 다시 떠올랐어요. 지안이는 쿵쾅쿵쾅 걸어 자리로 가서 쾅 소리 나게 가방을 내려놓았어요.

"지안아, 어젠 미안했어. 이거 받아 주라!"

의자에 앉으며 보니 태리 손엔 분홍색 연필이 한 자루 들려

있었어요. 뾰족하게 잘 깎였지만, 어제 부러진 벨 공주 연필과는 비교도 안 되는 평범한 연필이었어요.

"필요 없어!"

지안의 큰 목소리에 앞에 앉은 장원이가 돌아봤어요. 지안이는 책상에 얼른 엎드렸어요. 장원이도 말을 걸려고 했거든요.

'사과 안 받을 거야. 저런 연필도 안 받을 거야. 다 별로야!'

오늘 종일 한마디 말도 안 나눌 거라고 다짐했어요. 하지만 지안이 생각대로 되지 않았어요. 수업이 시작되자마자 곤란한 일이 생겼거든요.

필기구를 꺼내려 가방에서 필통을 꺼냈는데 연필이 부러져 있었어요. 어제 필통을 쾅 닫을 때 부러졌나 봐요. 게다가 교과서도 없었어요. 보통은 사물함에 교과서가 다 있는데, 오늘

필요한 수학익힘 책은 숙제하느라 가져가서 집에 있거든요.

지안이는 어찌해야 할지 몰라 필통만 쳐다보고 있었어요. 그런데 잠시 후, 지안이 책상으로 분홍색 연필과 반쪽짜리 지우개가 넘어왔어요. 놀라서 쳐다보자 태리는 소리 없이 웃었어요. 그리고 태리는 수학익힘 책도 지안이 쪽으로 밀었어요. 같이 볼 수 있게요.

마음 같아서는 이번에도 필요 없다고 말하고 싶었지만, 지금은 정말 필요했어요. 더군다나 수업 시작 전 선생님과 약속도 했거든요. 오늘 하루 친구와 잘 지내보자고요.

선생님과의 약속을 지키려면 별수 없었어요. 지안이는 작은 한숨을 내쉬고 태리의 연필을 받았어요.

스윽스윽.

뜻밖이었어요. 태리의 연필은 무척 부드러웠어요. 연필이 공책 위에서 스케이트를 타는 것 같았어요. 게다가 지우개는 먹구름 같은 색이라 예쁘진 않은데, 싹싹 잘 지워졌어요. 솜사탕 모양으로 생긴 지안이 분홍 지우개는 잘 안 지워졌거든요. 심지어 깨끗하게 지우고 싶어서 힘을 세게 주면 공책이 찢어지기도 했어요.

미끄러지는 연필과 쓱싹 지우개 덕분인지 지안이는 수학 문제를 제일 먼저 풀었어요. 백 점을 맞아 친구들에게 박수도 받았어요. 태리와 장원이가 엄지를 세워 멋지다고 축하도 해 줬어요. 지안이는 순간 고맙다고 대답할 뻔했어요. 오늘은 한마디도 안 하고 싶은 날인 걸 깜박할 만큼 좋았거든요. 하지만 꾹 참고 어깨만 으쓱하고 말았어요.

쉬는 시간이 되자 지안이 고민이 다시 시작되었어요. 태리에게 연필을 돌려주며 고맙다고 말해야 할 것 같아서요. 하지만 평소 태리가 지안이 것을 훨씬 많이 빌려 쓴 것이 기억났어요.

'이까짓 연필 한 번 뭐. 쳇!'

할 말이 없어진 지안이는 다시 책상에 엎드렸어요. 쉬는 시간 내내 고개를 들지 않았어요. 고개를 들어 눈이 마주치면 왠지 고맙다고 말해야 할 것 같았거든요.

하지만 수업이 다시 시작되자마자 지안이는 또 곤란해지고 말았어요.

색종이와 풀이 필요한 수업이었거든요. 지안이가 이로 엄지

손톱만 뜯고 있자 이번에도 태리 책상에서 색종이가 넘어왔어요. 그리고 풀은 지안이와 태리 책상 사이에 놓였어요.

지안이가 고개를 돌려 태리를 바라보았어요. 눈이 마주치자 태리가 입술만 움직여 소리 없이 말했어요.

'같이 쓰자.'

지안이는 뭐라고 대답할까 고민하다가 고개만 끄떡였어요. 지안이의 고갯짓에 태리도 머리를 끄덕였어요.

수업이 끝난 후 쉬는 시간이 되자 지안이는 책상에 또다시 엎드렸어요. 하지만 아까보다 마음이 더 불편했어요. 이번엔 꼭 말을 해야 할 것 같았어요.

일단 기회를 엿보려 엎드린 채 고개만 살짝 돌렸어요. 포갠 팔 틈새로 태리를 엿보았어요. 그런데 태리가 지안이 책상에 있던 분홍 연필을 가져가는 것 아니겠어요?

'다 끝나지도 않았는데 왜 벌써 가져가지? 그럼 나 다음 수업 어떡해!'

순간 지안이는 난처했어요. 고맙다고 안 해서 도로 가져가나 싶었지요. 살짝 후회하려던 참인데 태리의 행동이 예상과 달랐어요. 연필을 필통에 넣지 않았어요. 대신 휴대용 연필깎이를 꺼내 뭉뚝해진 연필을 깎기 시작했어요. 미간을 찌푸린 채 집중해서 한참을 신중하게 깎더니 지안이 책상에 다시 올려 놓았어요.

더 이상 참을 수 없어진 지안이는 고개를 들었어요.

"너 연필깎이도 들고 다녀?"

"응. 저번에 부러지니까 불편하더라고. 그래서 가지고 다니려고!"

"그랬구나. 근데 태리야."

지안이는 잠시 망설였어요. 하지만 지금이 기회인 것 같았어요.

"고마워."

"응?"

"색종이랑 풀도 고맙고, 연필도 고마워."

너무 작게 말해 들릴까 싶을 정도였지만, 태리는 금방 알아들어 줬어요.

"아냐! 내가 훨씬 더 많이 빌렸는걸. 사실 나, 엄마랑 스스로 준비물 챙기기 약속을 했는데, 실수가 많았어. 근데 네 덕분에 그때마다 잘 지나갔잖아."

"우와, 너 준비물을 혼자 다 챙겨?"

"응. 근데 자주 빼먹어. 히히! 그동안 정말 고맙고, 미안했어."

오늘 모든 준비물을 빌려주고도 태리는 미안하다 말했어요. 지안이는 기분이 이상해져서 괜스레 어깨를 으쓱했어요.

할 말이 없어져 머쓱해 있는데 때마침 화장실에 다녀온 장원이가 호들갑스럽게 말을 걸었어요.

"야! 우리 나갈 준비 하자."

"어딜 나가?"

"체육 시간이잖아. 줄넘기해야지!"

"맞다. 지안아, 우리도 준비하자!"

태리는 책상을 탁 치며 일어났어요. 하지만 지안이는 바로 따라 일어날 수가 없었어요. 가방에 줄넘기가 들어 있지 않았거든요. 난감해하는 지안이를 보자 이번엔 장원이가 벌떡 일어났어요.

"지안아! 너 혹시 줄넘기 없는 거야? 그럼, 이 몸이 해결해 주지!"

지안이가 대답도 하기 전에 장원이가 교실을 뛰어나갔어요. 그리고 잠시 후 초록색 줄넘기를 손에 들고 흔들며 뛰어 들어왔어요. 가지런한 이가 활짝 드러날 만큼 환하게 웃으면서요.

"김장원, 교실에서 뛰면 어떡해!"

"죄송해요, 선생님!"

선생님 꾸중에 장원이는 걸음 속도를 늦췄어요. 하지만 이미 복도에서 심하게 뛰었나 봐요. 숨이 차 헉헉대면서도 멈추지

않고 지안이에게 다가왔어요. 그리고 줄넘기를 내밀었어요.

"내가, 내가, 옆 반 유종이에게 빌려 왔어. 걔 유치원 때부터 나랑 친구였거든!"

"잘했다. 지안아, 어서 나가자!"

태리가 지안의 팔을 붙잡았어요. 지안이는 장원이와 태리의 손에 이끌려 강당으로 갔어요.

탁, 탁, 탁!

강당에는 줄넘기가 바닥에 부딪쳐 넘어가는 소리가 가득 찼어요. 하지만 부딪치는 건 줄넘기가 아니라 지안이 마음 같았어요.

금색 색연필을 마구 쓰고, 벨 연필을 부러트려 미워했던 마음과 선생님께 야단까지 맞으며 뛰어나가 줄넘기를 빌려온 고마운 마음이 서로 부딪치고 있었거든요. 환하게 웃으며 줄넘기를 내민 장원이 표정이 자꾸 아른거렸어요.

'고맙다고 말도 못 했는데.'

지안이는 어지러운 생각을 떨쳐내느라 줄넘기를 엄청 세게 돌렸어요.

"아얏."

세게 돌아간 줄넘기가 지안이 머리에 걸렸어요. 그 순간 머리끈이 끊어져 하나로 묶었던 머리카락이 풀려 흩어졌어요. 긴 머리카락이 눈을 가려 앞이 잘 보이지 않았어요. 마치 온

종일 깜깜했던 오늘 마음 같았어요. 지안이는 다리에 힘이 풀려 그대로 바닥에 주저앉았어요.

"지안아, 무슨 일이야!"

"왜 그래, 다쳤어?"

"너 괜찮아?"

태리와 장원이 그리고 다른 친구들의 목소리가 들렸어요.

"안 괜찮아. 다 너네 때문이야."

지안이는 참았던 눈물을 터트렸어요.

나눔은 꼭 필요해요

　자고 일어나니, 무인도에서 혼자 눈뜨게 되었어요. 어떻게 된 일인지 몰라 잠시 무섭고 당황스럽지만, 누군가 나를 구하러 올 때까지 버텨야겠지요. 마실 수 있는 깨끗한 시냇물을 찾았고, 운 좋게 바나나 나무까지 만나 굶지 않았어요. 그리고 땅을 깊게 파서 화장실을 만들어 대소변을 보았고, 밤에는 추워서 나뭇잎으로 이불을 만들었어요.
　아무도 만나지 못한 나는 오늘 나눔을 주고받았을까요?

나눔은 자연스러운 거예요

　무인도에서 보낸 하루에도 나눔은 있었어요. 먼저 자연에게 물과 먹을거리를 받았어요. 나는 과일 나무에게 거름이 될 수 있는 대소변을 주었고, 나무에게 잎을 받아 체온을 유지했어요.
　심지어 숨을 쉬는 것만으로도 나눔은 이어져요. 사람 몸에 필요한 산소를 받았고, 나무에 필요한 이산화탄소를 내보냈어요.

  이처럼 나눔은 모든 순간 활발하게 일어난답니다. 깨닫지 못하는 순간에도 자연스럽게 말이죠. 더불어 살아가기에 나누는 것은 선택이 아니라 숨 쉬는 것만큼 자연스러운 일이랍니다.

나눔은 함께 주고받는 거예요

  무인도 안의 나눔은 사회 속으로 들어오면 더 자주 일어나요. 태어나자마자 벌떡 일어나서 뛸 수 있고, 많은 것을 먹을 수 있는 동물과 달리 사람은 앞도 또렷이 보이지 않고, 바로 걷지도 못해요. 그래서 아기에게는 보살펴주는 보호자가 꼭 필요하답니다.

  좀 더 자라면, 교육기관을 통해 여러 가지 지식을 배우게 된답니다. 주변의 배려로 자란 아이는 훗날 어른이 되어 도움을 필요로 하는 곳에 배려와 양보로 나눔을 실천할 거예요. 그리고 나이가 들어 기운이 빠져 또다시 보살핌을 받게 될 거예요.

  이렇게 나눔은 내가 받았던 보살핌과 배려를 돌려주고, 받을지도 모를 존중과 양보를 쌓아가는 일이랍니다.

 협력도 나눔이에요

나눔은 언제부터 시작되었을까요?

나눔은 아주 오래전, 그러니까 주로 동물을 사냥하며 생활하던 선사시대에도 이루어졌어요.

사람보다 몸집이 커다란 야생동물을 만났을 때, 혼자서는 사냥은커녕 나를 보호하기도 힘들었어요. 그래서 사람들은 무리 지어 생활하며 함께 사냥을 하기 시작했어요.

섬세한 일을 잘하는 사람들은 노약자와 어린이를 돌보고 음식을 만들었어요. 더 잘할 수 있는 일을 찾아 시간을 나눠서 함께 해냈어요. 재능과 힘을 나누고, 얻은 것을 나눴어요. 나누었지만, 더 큰 것을 얻었고 함께 건강해졌어요.

혼자만의 힘은 작지만, 함께하고자 하는 마음을 나눈다면 커다란 행복을 얻을 수 있답니다.

같이 생각해요

1. 내가 부모님께 받은 나눔을 적어 보아요.

　---

2. 내가 부모님께 드린 나눔을 생각해 보아요.

　---

3. 내가 사회에서 주고받은 나눔을 생각해 봐요.

제3장

서로 도와요

"지안아, 선생님한테 네 이야기 좀 해 줄래?"

선생님은 지안이를 보건실로 데리고 왔어요. 그리고 지안이 무릎에 따뜻한 핫팩을 올려 주셨어요.

"사실요, 선생님. 저 무릎 말고 여기가 이상해요!"

지안이는 손가락으로 가슴을 가리켰어요. 마음속 이야기를 솔직하게 털어놓기로 마음먹었거든요.

"마음이? 그런 날이 있긴 하지. 근데 왜 그런지는 생각해 봤어?"

"사실요, 애들이 저한테 자꾸 나쁘게 굴었거든요? 내 학용품 허락도 없이 빌려 가고, 부러트리고, 망가트리고! 그럼 악당이잖아요. 근데 오늘은 자꾸 착하게 굴어요. 미워할 수도 없게. 고맙다고도 안 했는데 계속 빌려주고, 멀리 다른 반 친구 것도 가져다주고. 그럼 화나고 미워한 나만 또 나쁜 거잖아요! 왜 맨날 저만 나빠요?"

생각나는 대로 마구 말하던 지안이는 또 눈물이 나오려 했어요. 참고 싶었지만, 지안이에게도 정수기 버튼이 눌렸나 봐요. 주인 허락도 없이 눈물이 줄줄 나왔어요.

"아이쿠, 우리 지안이 많이 힘들었구나."

선생님은 지안이의 어깨를 가만히 감싸 안아 주셨어요. 어제 태리에게 해 줬던 것처럼요. 지안이는 선생님 품에서 한참 울었어요.

"지안아, 너 안 나빠! 친구들이 네 물건을 함부로 쓰는 건 당연히 화나는 일이야. 선생님이라도 그랬을걸?"

"진짜요?"

"그럼. 아무리 가까운 사이라도 물건을 빌릴 때는 허락을 맡아야 하고, 조심해서 사용하고 바로 돌려줘야 해."

"맞아요. 물어보고 나서 빌려 가고, 조심히 사용하고 돌려줬으면 내가 화를 안 냈을 텐데. 게다가 금색은 저도 필요한 순간이었단 말이에요."

"근데 지안아, 혹시 너 거절해 봤어? 아니면 조심해서 쓰라고는 말해 봤고?"

생각지도 못한 선생님의 질문에 지안이는 얼굴이 화끈 달아

올랐어요.

"아니요. 다들 그냥 막 가져갔어요. 말한 친구도 있긴 했는데 안 빌려주기엔 나쁜 것 같아서 그냥 참았어요."

"그게 왜 창피한 일이야? '나에게 소중한 물건이니 조심히 쓰고 돌려줬으면 좋겠어.'라고 말하고, '지금은 내가 써야 하니 안 돼.'라고 말하는 건 너의 권리야."

"……."

"만약 네가 그렇게 말했더라면, 어땠을까?"

지안이는 지우개에 점을 냈던 상욱이의 사과가 떠올랐어요.

'네게 그리 소중한 지우개인줄 몰랐어. 미안해.'

그리고 지안이의 물티슈를 마구 다 사용해 버린 윤이의 사과도 기억났어요.

'미안해. 두 장밖에 안 남은 걸 모르고 내가 다 썼어. 일단 내 거라도 쓸래?'

"제가 먼저 써야 한다고 말했으면 친구들이 안 가져갔을 것 같아요."

"맞아. 더 조심해서 썼을 테고. 게다가 부탁한다고 해서 다 들어줘야 하는 것도 아니야. 정말 중요한 건 지안이 마음이라

는 걸 기억해. 그리고 말을 해야 해. 말 안 하면 아무도 너의 마음을 몰라."

지안이는 고개를 끄덕이다 재빨리 "네."라고 대답했어요.

선생님은 풀어진 지안이의 머리카락을 쓰다듬으며 말을 이어갔어요.

"하나 더, 오늘 친구들이 한 행동들은 그동안 고마워서 갚은 게 아니야. 친구라서 빌려준 거야. 친구란 그렇게 가까이에서 지켜보고 있다가 서로를 돕는 사이거든. 친구가 곤란해하는 걸 그냥 지켜보는 친구는 없단다. 도와주고 더 기뻐하곤 하지. 해 줄 수 있는 일이 생겨서 말이야."

선생님은 주머니에서 빨간 방울이 달린 머리끈을 꺼내 지안이의 머리를 단정히 묶어 주었어요.

"이것도 보건실로 오기 전에 윤이가 준 머리끈이야. 지안이 머리 묶어 주라던데? 윤이도 지안이 친구인가 보네. 이리 챙겨주고 걱정하는 걸 보면."

"으앙. 선생님!"

지안이는 다시 한 번 선생님 품으로 파고들었어요.

"그리고 지안아, 선생님도 지안이에게 많이 고마워. 그동안

친구들 준비물 빌려줘서. 덕분에 선생님도 아이들도 수업에 더 집중할 수 있었거든. 앞으로는 선생님이 더 잘 챙겨 볼게!"

선생님은 지안이를 다시 한 번 꼭 안아 주었어요.

"지안아! 다리 많이 아파?"

"안 다쳤어?"

지안이와 선생님이 강당으로 돌아오자 친구들이 우르르 몰려들었어요.

"지안이는 괜찮으니까, 다시 줄넘기하자! 다음 달에 줄넘기 대회 있는 거 알지? 우리가 그 대회에서 1등 하자. 우리가 1반이잖아!"

"에이, 선생님! 그런 게 어디 있어요. 그럼 5반은 5등 해요?"

"그런가? 그럼 모두 공동 1등 하지, 뭐!"

"그게 뭐예요. 엉터리 선생님."

친구들이 와르르 웃었어요. 덕분에 지안이가 울었던 일을

다 잊은 것 같았어요. 부끄러웠는데 참 다행이었어요.

마음이 가벼워진 지안이는 몸까지 가벼워졌어요. 그래서 장원이가 빌려준 초록색 줄넘기를 꼭 쥐고 힘차게 줄을 돌렸어요. 탁탁, 바닥을 부딪치는 줄넘기 소리가 경쾌하게 들렸어요.

"우와, 지안이 줄넘기 되게 잘한다!"

오늘따라 장원이가 말을 많이 걸었어요. 하지만 듣기 싫지 않았어요. 지안이는 줄넘기를 멈추고 장원이에게 하고 싶었던 말을 했어요.

"네가 빌려다 준 줄넘기가 좋은 것 같아. 고마워!"

"다행이다. 아까 내가 이상한 줄넘기 빌려다 줘서 넘어진 줄 알고 놀랐거든."

'너네 때문이야.'라는 말이 들렸을 줄 몰랐던 지안이는 당황했어요.

"아니야! 아깐 아파서 운 거야. 너네 덕분에 오늘 준비물 없이도 잘 지냈는데 왜 넘어졌지? 그런 뜻이었어."

"그래? 다행이다! 맨날 내가 더 많이 빌려서 미안했는데 오늘은 돕게 돼서 기쁘다!"

다행히 장원이는 지안이 말을 있는 그대로 받아들였어요.
"장원, 지안! 수다 그만하고 줄넘기 연습하자!"

"네, 선생님!"

지안이는 더 가볍게 줄넘기를 넘겼어요. 체육 시간을 좋아하지 않았는데, 오늘따라 즐거웠어요. 몸도 가벼워 평소보다 더 여러 번 폴짝폴짝 줄넘기를 넘었어요.

그러나 많이 뛰어서 그런지 수업이 끝나자 목이 엄청 말랐어요. 강당에서 교실로 돌아왔지만 해결되지 않았어요. 가방에는 빈 물병만 있었거든요. 어제 다 마시고 새로 채워 넣지 않아서였죠.

지안이가 물병을 들고 난감해하자, 옆에 있던 태리도 속상해했어요.

"미안. 나도 물통은 놓고 왔어."

"뭐가 미안해. 나도 없는걸."

"엄마가 가져가라고 식탁에 올려놨는데 내가 또 깜박했어! 아휴, 바보."

태리는 주먹으로 자기의 머리를 콩 쥐어박았어요.

"근데 태리야, 너 대단한 것 같아. 벌써 혼자 준비물 다 챙기고!"

"뭐가 대단해. 초등학생이니까 당연하지. 그리고 맨날 실수하는데, 뭐."

"당연한 건가? 그럼, 나도 내일부터는 나 혼자 챙겨 봐야겠다."

"좋다! 그럼 우리 맨날 자기 전에 서로 문자로 확인해 주자. 다 챙겼는지! 그럼 실수가 줄어들지 않을까?"

지안이는 좋은 생각이라며 손을 높이 들어 태리의 손바닥과 마주쳤어요. 그 순간 윗주머니가 바스락거렸어요.

"아, 맞다!"

주머니에는 피아노 학원에서 받은 사탕 세 알이 들어 있었어요. 일주일에 하나씩만 받을 수 있는 맛있는 거라서 아껴 둔 사탕이었어요. 지안이는 주변을 살핀 후 두 알을 몰래 꺼냈어요. 하나는 까서 입에 쏙 넣고, 다른 하나는 태리에게 주었어요.

"이거라도 먹자. 진짜 딸기즙 들어 있는 사탕이래!"

"우와, 진짜 달콤하다! 고마워, 이렇게 맛있는 사탕은 처음이야!"

지안이가 생각하기에도 딸기 사탕이 오늘따라 더 달콤했어요. 같이 먹으니까 똑같이 느끼고 표현할 수 있어 두 배로 맛있는 것 같았어요. 지안이는 표현에 더 용기를 냈어요.

"오늘 써 보니까 태리, 네 지우개 진짜 부드럽더라. 내 거는 자꾸 공책이 찢어지던데. 또 빌려줄 수 있어?"

"당연하지! 난 네 벨 연필을 쓰면 진짜 공주가 된 것 같아서 좋더라. 나도 또 빌려줘!"

"그래, 그럴게!"

지안이와 태리가 마주 보고 웃자 사탕 문 볼이 볼록해졌어요. 볼록 솟은 뺨이 웃겨 둘은 또 웃었어요. 그러자 지안이의 마음은 입속 사탕처럼 달콤해졌답니다.

내가 할 수 있는 나눔

　무지개 색으로 빛나는 물고기가 혼자 놀다가 자신의 아름다운 무지개 비늘을 하나씩 나눠주고 행복해지는 『무지개 물고기』란 그림책을 읽어 보았나요?
　혼자만 빛나는 아름다움은 외롭다는 걸 깨달은 무지개 물고기가 친구들과 아름다움을 나누고 나서야 진정으로 행복해하는 마지막 장면이 참 인상적이었어요.
　이처럼 나눔은 어렵지 않아요. 지금 내가 가진 것을 함께 사용하거나 빌려주는 것도 나눔이에요.

 ### 작은 것부터 실천해요

　당장 실천할 수 있는 나눔부터 알려 줄게요. 오늘부터 하나씩 실천해 보는 게 어떨까요?

1. 학교에서 친구들과 나눔을 실천해요

교실에서는 준비물을 잊고 온 친구에게 나의 준비물을 빌려주고, 물병을 깜빡한 친구에게 물을 나눠 주는 것도 나눔이에요. 또한, 알림장을 미처 적지 못한 친구에게 내가 쓴 알림장을 보여주고 숙제를 알려 주는 것도, 어려운 문제를 풀지 못하는 친구에게 내가 푼 방법을 알려 주며 문제를 풀 수 있게 도와주는 것도 나눔입니다.

2. 집에서 가족들과 나눔을 실천해요

집에서는 가족에게 나눌 것을 생각해 보아요. 가족에게는 물질적인 것보다 마음과 시간을 나누는 것이 좋겠죠? 특히 동생에게 양보하는 나눔은 동생과 부모님을 동시에 기쁘게 할 수 있어 두 배로 기뻐지는 나눔이랍니다.

동생이 없는 친구들은 나의 시간을 쪼개 부모님을 도와드리는 방법을 택해 보아요. 역시 뿌듯함까지 얻게 되어 부모님은 물론 나까지 행복해진답니다. 나눔은 배려와 양보에서 시작된다는 걸 잊지 말아요.

기부와 자원봉사, 나도 할 수 있어요!

친구와 가족들에게 하는 나눔이 익숙해졌다면, 조금 더 큰 세계로 나아가 볼까요?

1. 용돈 모아서 기부하기

용돈을 모아서 꼭 필요한 친구들에게 기부를 해 봐요. 우리의 작은 용돈이 모이면 지구 반대편 신생아의 목숨도 구할 수 있답니다. 또 형편이 좋지 않아 공부할 수 없는 내 또래 아이들이 학교에 다닐 수도 있어요. 그렇다고 내 능력을 넘어서는 기부는 좋지 않아요.

내가 할 수 있는 만큼, 기부하고도 기분 좋은 만큼만 하는 것이 진짜 건강한 나눔이에요.

2. 봉사 활동으로 기부하기

용돈이 부족한 친구는 자원봉사를 신청해 보세요! 학교에서 하는 쓰레기 줍기 활동이라든지, 청소나 급식당번이 결석한 날 대신 하는 봉사도 나눔이에요.

3. 나눌 수 있는 행복

　스스로 우러나온 마음에서 남을 돕기 위해서 하며, 대가를 바라지 않고 지속적으로 도와주는 것이 나눔입니다. 우리 모두 나눔의 의미를 알게 되었으니, 나눔을 실천하고 참여하기로 약속해요.

기부와 자원봉사를 하는 사회적 단체가 있어요

　좀 더 적극적으로 기부와 자원봉사를 하고 싶은데 누구에게 어떻게 해야 할지 모르겠다고요? 걱정하지 마세요. 도움을 필요로 하는 사람들을 찾아 내서 필요한 물품이나 알맞은 서비스를 제공하는 단체가 있어요. 국제 협력 단체 중에서 찾아보는 것도 좋아요.

　용돈을 모아서 나와 비슷한 나이의 어려운 친구들을 돕고 싶다면, 세계 어린이들을 돕기 위해 설립된 유니세프, 세이브더칠드런 등의 기아 어린이를 돕는 단체를 알아보는 것도 좋아요. 자연과 지구를 위해 나의 능력을 나누고 싶다면, 그린피스나 녹색연합 등의 단체의 홈페이지를 방문해 보는 것이 좋겠어요.

같이 생각해요

1. 내가 할 수 있는 기부를 생각해 적어 보아요.

   ----

2. 내가 할 수 있는 자원봉사를 생각해 보아요.

나도 이제 초등학생

OX 퀴즈

행복하게 나누는 마음이 어떤 건지 생각해 보았나요?
그렇다면 마지막 관문!
OX 퀴즈를 풀면서 내 마음을 점검해 봐요.

맞는 답에 색칠하세요!

나눔은 부자만 할 수 있어요.

 네. 가진 것이 많은 사람만 나눌 수 있어요.

 아니요. 마음만 있으면 누구나 나눌 수 있어요.

시간을 내서 도와주는 것도 나눔이에요.

 네. 마음을 나누는 것도 나눔이에요.

 아니요. 돈이나 물건을 나눠야만 나눔이에요.

| 아이는 어른에게 나눔을 할 수 없어요. |

 네. 어른만 아이에게 나눔을 할 수 있어요.

 아니요. 누구든 나눔을 할 수 있어요.

| 빌려줬다가 받는 것도 나눔이에요. |

 네. 내 물건을 빌려주는 것도 나누는 거예요.

 아니요. 아예 주고서 안 돌려받아야만 나눔이에요.

| 나눔은 나를 위해서 하는 것이기도 해요. |

 네. 나누는 기쁨을 느끼는 것도 행복이에요.

 아니요. 나눔을 해서 나에게 좋은 점은 없어요.

| 태어나서 나눔을 한 번도 안 받고도 살 수 있어요. |

 네. 누구의 도움이나 나눔 없이 혼자서도 잘살 수 있어요.

 아니요. 나도 모르는 사이 지금도 남들에게 도움을 받고 있어요.